EXPLORANDO EL CONCEPTO DE LA PASIÓN POR LOS VIAJES

EXPLORANDO EL CONCEPTO DE LA PASIÓN POR LOS VIAJES

HARPER NORTHWOOD

CONTENTS

Introducción a Wanderlust — 1
1 La psicología de la pasión por los viajes — 5
2 Planificación inteligente de viajes — 9
3 Inmersión cultural y conexiones profundas — 12
4 Aventura y vida audaz — 15
5 Prácticas de viajes sostenibles — 19
6 Nomadismo digital y trabajo remoto — 22
7 Viajes en solitario y dinámica de grupo — 26
8 Viajando con Propósito — 30
9 Salud y bienestar en la carretera — 34
10 Capturando recuerdos y contando historias — 38
Reflexiones sobre la pasión por los viajes y el cr — 42

Copyright © 2025 by Harper Northwood
All rights reserved. No part of this book may be reproduced in any manner whatsoever without written permission except in the case of brief quotations embodied in critical articles and reviews.
First Printing, 2025

Introducción a Wanderlust

La palabra *wanderlust*, con sus raíces pedestres en alemán, se ha infiltrado recientemente en el idioma inglés para convertirse en una metáfora cautivadora que se utiliza para expresar el anhelo por lugares lejanos, el entusiasmo por el vagabundeo y la aventura, y un marcado afecto por la exploración desenfrenada del mundo. Por primera vez en la historia de la humanidad, personas de todo el mundo comparten este intenso deseo de ver y conocer el mundo, con frecuencia y en gran medida sin cesar. Los antiguos exploradores y pioneros desafiaron los peligros del mundo de la superficie para asegurar un futuro mejor, impulsados por el anhelo de llegar a los confines del planeta. En lugar de buscar la mera supervivencia, buscaban inspiración, apreciando el viaje tanto como el destino deseado.

Este anhelo puede derivar de recuerdos específicos de vacaciones que nos llenaron de emoción en lugar de evasión. Alternativamente, puede ser una representación visual de una búsqueda para conquistar un largo viaje, ver todo lo que está en la lista de visitas obligadas y celebrar cada aspecto de él. En los tiempos modernos, "viajar" significa embarcarse en una nueva aventura. Se ha convertido en un aspecto significativo de la economía psicológica, ya que muchas personas viajan para hacer realidad los sueños que se esconden justo debajo de la apariencia de sus restrictivas vidas diarias. El viaje en sí se vuelve tan importante como el objetivo. Para satisfacer sus ansias de viajar, no necesariamente necesita hacer ningún viaje o ver los lugares de interés típicos. Este libro se refiere tanto a los viajes habituales como a los de ocio, y brinda información sobre cómo los viajes ofrecen una nueva narrativa para nuestras vidas.

La ironía de la vida es paradójicamente reconfortante y refrescante cuando te encuentras en un entorno extraño. Mientras viajas, puedes experimentar una importante crisis existencial de mediana edad, al darte cuenta de que la pasión por viajar no se trata solo de vacacionar. Se trata de profundizar la relación dentro de ti mismo y vivir profundamente y con valentía.

Definición de pasión por los viajes

La pasión por los viajes se manifiesta como una intensa necesidad de explorar el mundo. Para algunos, se presenta como sueños de viajar a la rayuela por todo el mundo; para otros, es un dolor sordo por la aventura. Este anhelo de ver nuevas formaciones de agua, paisajes naturales, sabores exóticos y rostros únicos viene acompañado de un profundo tufillo a romance. La pasión por los viajes no solo ofrece emociones, sino también felicidad, no solo conexión con las costumbres, sino también con uno mismo. Tiene un nombre, este complejo sentimiento de deseo y ansiedad, esta mezcla de anhelo y experiencia: pasión por los viajes.

Esta doble interpretación de la pasión por los viajes (como búsqueda de lo que no tenemos en casa y como búsqueda de una ausencia sentida) encarna el enredo emocional con el concepto. La pasión por los viajes sugiere que puede implicar mundos alternativos y una sensación de que el anhelo se cumple en otro lugar. El significado de los lugares, paisajes y culturas experimentados en el camino se siente de nuevo al regresar a casa. Así, mientras que la pasión por los viajes se alimenta de sueños de consumo y deseo, el viaje se convierte en mucho más que un escenario para la realización de la fantasía o la realización de los sueños.

Históricamente, el anhelo de viajar y de vivir lo exótico estuvo ausente durante la mayor parte de la historia de la humanidad. Aunque algunas personas viajaban para comerciar, otras migraban y otras abandonaban su hogar como refugiados, los viajeros y los migrantes eran generalmente menospreciados en las sociedades agrarias tradicionales, donde la gente tendía a permanecer cerca de casa. Mientras los viajes estuvieron mal vistos, el anhelo de vagabundear siguió siendo el anhelo de los forasteros culturales que se distinguían por su desdén por las convenciones y la presión social. A medida que la clase media urbana creció y se modernizó, los viajes por placer se volvieron más aceptables, pero el anhelo de viajar siguió contrastando con el hogar. Hoy, la pasión por viajar representa una elección más que una necesidad, y designa una cierta actitud, estilo de vida y fantasía privilegiada sobre el yo individual y social.

Perspectivas históricas y culturales

En *Wandering: A Cultural History of Walking*, Solnit rastrea el cambio en la opinión pública hacia los caminantes: "El desarraigo, de la tierra y sus rituales y los muchos tipos de vínculos conocidos que trae consigo, llega a connotar una ruptura, un robo. Estos niños y niñas desarraigados rondan los alrededores con su amoralidad de vagabundos. Se volvieron –estereotípicamente– desmoralizados". La peripecia sagrada fue descartada como parte de la humanidad, y la pasión por los viajes comenzó a separarse entre la mera compulsión de vagabundear y un escape de sillón que genera desviación de la sociedad.

Históricamente, los síntomas de la pasión por viajar se consideraban patológicos, derivados de una locura profunda y solitaria. Los orígenes de esta comprensión temprana de la pasión por viajar parecen haber estado arraigados en las respuestas emocionales básicas que desencadena el viaje. Samuel Johnson habló de los viajes como una emoción personal de "¡Keh-keh-keh!" y Brissot de Warville advirtió a los franceses: "Gare au voyage: C'est dans le bonheur du voyageur que se tient le malheur du paysan [Cuidado con los viajeros, porque la felicidad del viajero causa la miseria del campesino]".

Considerar la pasión por viajar desde una perspectiva histórica y cultural también ayuda a explicar muchos de los enfoques psicológicos y sociológicos de la pasión por viajar, al menos en las culturas nacionales occidentales. La palabra "pasión por viajar" no ha tenido el mismo efecto en otros idiomas, permaneciendo en este gueto conceptual, con connotaciones tanto de anhelo como de patología.

El contexto social ha proporcionado las bases para la noción de pasión por los viajes. Desde una perspectiva social más amplia, se podría argumentar que el relato del Génesis sobre la expulsión de Adán y Eva del Jardín marcó un cambio desde los animales que vagaban por la naturaleza hasta los seres humanos con un propósito sustancial.

CHAPTER 1

La psicología de la pasión por los viajes

Los psicólogos definen *la pasión por viajar*, o el deseo intenso de viajar, como un intento de autoexploración y una sensación de libertad, más que una forma de escapismo. Si bien muchas personas se sienten atraídas por explorar nuevos destinos y culturas, los psicólogos e investigadores han tratado de comprender las motivaciones subyacentes y los impulsores de nuestros deseos de viajar. La profesora Ruth Ann Atchley de la Universidad de Kansas acuñó el término "vagabundos oxidados" para describir a las personas que pasan años en el mismo entorno mientras siguen sintiendo pasión por viajar. Nuestra motivación constante para explorar y viajar se alimenta en gran medida de la variedad de nuevas experiencias que buscamos. A medida que nos familiarizamos con nuestro entorno, a menudo homogéneo, nuestros cerebros se estancan y, en consecuencia, nuestros niveles de estimulación y participación disminuyen. Al cambiar nuestro entorno y explorar nuevas culturas, nos volvemos a conectar con el mundo que nos rodea, lo que hace que el viaje sea un mecanismo esencial para mantenernos alerta y curiosos.

Esta comprensión más profunda de la pasión por los viajes también nos permite comprender las emociones relacionadas con ella.

Como humanos, nuestra tendencia natural es adaptarnos a experiencias novedosas. Este proceso, conocido como "adaptación hedónica", es la forma que tiene el cuerpo de regular los efectos de las emociones positivas y negativas, filtrando las experiencias en nuestro entorno a medida que nos acostumbramos a ellas, de forma similar a como un artista sombrea los sujetos para que se "desvanezcan" en el entorno. Si bien esta herramienta psicológica puede generar felicidad y optimización, también nos desensibiliza a los estímulos con el tiempo. En el contexto de la pasión por los viajes, llegamos a esperar muchas de estas nuevas experiencias como parte natural de nuestras vidas, por lo que a veces se la considera una forma de escapismo. Solo si cambiamos nuestra mentalidad y dejamos de lado esta orientación escapista podremos desbloquear una sensación de exploración activa y satisfacción cuando nos embarcamos en un viaje.

Motivaciones y motivaciones

El estilo de vida de los viajeros está motivado por una combinación de deseos de ver nuevos paisajes, conocer gente nueva y aprender sobre diferentes formas de ser. Los beneficios de viajar están bien documentados, por lo que no es necesario profundizar en por qué la gente desea ver nuevos lugares; en cambio, nuestra preocupación se centra en los deseos sociales y emocionales que impulsan este impulso. Las personas deciden que quieren viajar por diversas razones. En muchos casos, los jóvenes se ven impulsados a viajar por todo el mundo, lejos de la familiaridad de su hogar, porque sus vidas están llenas de incertidumbre. Esos años de la adolescencia y la posadolescencia son cuando más nos preocupamos por tomar decisiones personales. En respuesta a esta incertidumbre, se sigue una dialéctica dualista.

Una de las proyecciones que se hacen en nuestro intento de dar sentido a la trampa a la que se enfrenta el ser humano contemporáneo es la de un viajero sin raíces ni rumbo, impulsado por los moldeadores culturales que le son familiares: el capitalismo, el consumismo, la tecnología, Thomas Cook, Lonely Planet. Estas fuerzas externas están profundamente arraigadas en la sociedad y han moldeado valores, objetivos y motivaciones de tal manera que los viajeros ya no piensan por sí mismos y temen la libertad individual y la responsabilidad propia que les correspondería si se atrevieran a pensar al margen de la multitud. Esta incesante ironía de la incertidumbre es la paradoja central que sustenta este capítulo: los seres humanos odian el concepto de sentirse inseguros, pero lo aceptan como excusa para definir su propio ser. En la sociedad occidental moderna, esta incertidumbre impulsa a los jóvenes de todo el mundo en busca de la "imborrabilidad" personal, la individualidad y la experiencia pura. Estos esfuerzos conducen al descubrimiento de uno mismo y proporcionan un sentido de dirección y propósito en la vida.

Beneficios y desventajas

La pasión por viajar permite a las personas ver más en un día de lo que muchas ven en un año. Como el deseo incurable de viajar y ver el mundo, la pasión por viajar tiene sus beneficios. Los viajeros no son simples turistas; experimentan y entran en los mundos por los que pasan de maneras que enriquecen su perspectiva y visión del mundo. Al mismo tiempo, la pasión por viajar tiene desventajas, ya que el deseo intenso de seguir moviéndose y explorando puede dificultar quedarse en un lugar y echar raíces. Ya sea un desafío crónico para algunos o un breve anhelo emocional y mental, la pasión por viajar tiene sus beneficios y desventajas.

Beneficios:

- **Experimentar la vida:** aunque la pasión por viajar suele asociarse con el amor por viajar y explorar, un aspecto que la define es el deseo y la ambición de experimentar cosas nuevas, aprovechar las oportunidades, aceptar lo desconocido y desafi-

arse a sí mismo. Quienes abrazan la pasión por viajar quieren aprovechar al máximo cada momento.
- **Ampliar perspectivas:** la pasión por viajar enriquece la perspectiva al exponer a los individuos a diferentes culturas, estilos de vida y visiones del mundo, fomentando así una comprensión más amplia de la humanidad.

Desventajas:

- **Desafíos para establecerse:** La urgencia de seguir moviéndose y explorando puede presentar desafíos en las relaciones y en la vida profesional, requiriendo seguridad y compromiso con una organización o institución.
- **Miedo a perderse algo:** el deseo abrumador de moverse y experimentar puede generar miedo a perderse algo y arrepentimiento, particularmente a una edad temprana.

Al reconocer tanto las ventajas como las desventajas de la pasión por viajar, las personas pueden abordar sus deseos de explorar con un enfoque equilibrado, garantizando así que su viaje por la vida sea lo más satisfactorio posible.

CHAPTER 2

Planificación inteligente de viajes

Una de las señales de tráfico más importantes para vivir una vida audaz es el concepto de viajar de manera inteligente. Vivir una vida audaz a menudo implica vivir una vida en la carretera, abrazar aventuras poco convencionales, prepararse con cuidado y tomar decisiones que respalden sus objetivos de viaje. Viajar de manera inteligente no significa una escapada rápida de fin de semana, dos semanas en un lugar soleado o recorrer los diez destinos principales de su guía de viajes. En cambio, viajar de manera inteligente significa embarcarse en viajes bien pensados y bien planificados que enriquezcan sus experiencias y amplíen sus horizontes.

Estrategias para viajar de forma inteligente

Para muchos, viajar es un sueño reservado para los ricos, los jubilados o aquellos que buscan escapar de la rutina diaria. Pero la verdad es que viajar por el mundo es posible para cualquiera. La pasión por viajar no es solo para los ricos o los guapos. Por supuesto, el dinero ayuda, y los trabajos que te llevan a lugares como Vietnam o Suecia tienen sus beneficios. Sin embargo, la esencia de la planificación de viajes DIY (Do-It-Yourself) radica en comprender que un viaje inteligente es el resultado de una buena planificación de viajes. Antes de ir a cualquier lugar, debes tomar decisiones sobre cómo viajarás, con quién viajarás y qué harás cuando llegues allí.

Investigación y preparación: La decisión de viajar, adónde ir y qué hacer son momentos críticos antes de cualquier viaje. La investigación y la planificación son componentes clave en esta fase inicial. La dirección que elija una persona puede decir mucho sobre quién es y cómo ve el mundo. El filósofo Alain de Botton en "Una semana en el aeropuerto" señala: "Si dedicáramos unos días a tomar conciencia de las sociedades, el mercado y de nosotros mismos, pensaríamos con más agudeza, tendríamos confianza en nuestras elecciones y seríamos mucho más libres en nuestras actividades".

Viajar no implica necesariamente largas estancias en suelo extranjero. Puede tratarse de una búsqueda de cosas cursis en un pueblo cercano o de una aventura de fin de semana. Es posible pasar unas vacaciones incluso en el centro de la ciudad con un presupuesto limitado y poco tiempo para salir de casa. Con la abundancia de opciones, objetivos, ayudas y logística, las etapas de planificación y preparación del viaje pueden ser muy divertidas. ¿Por dónde empezar el viaje, cómo empezar a viajar y adónde quieres ir?

Presupuesto y finanzas: La gestión de las finanzas es una preocupación importante para cualquier estilo de vida, especialmente cuando se viaja. Para quienes viven en el extranjero durante períodos prolongados, como seis meses en México, existe un compromiso económico sustancial y a menudo inesperado. La preparación financiera y el presupuesto dependerán del estilo de vida y de las responsabilidades pendientes en un país extranjero. Las vacaciones de corto plazo requieren un compromiso financiero significativamente menor que vivir en otro país. Un compromiso de seis meses en el extranjero requiere una planificación financiera cuidadosa. Cada persona debe considerar su propia situación económica y financiera antes de mudarse al extranjero.

Formas de administrar las finanzas mientras se vive en el extranjero: consultar a un planificador financiero, un contador o un abogado para que le ayude a administrar sus activos de manera legal y juiciosa mientras vive en el extranjero es una buena estrategia financiera. La gestión financiera responsable incluye pagar impuestos, realizar inversiones y contribuir regularmente a una cuenta de jubilación. También es recomendable llevar algo de efectivo y crédito para superar cualquier período de transición financiera. La mayoría de los profesionales trabajarán con usted por correo electrónico o teléfono, especialmente si ya es cliente. También puede considerar la posibilidad de utilizar un profesional de una ciudad importante como Los Ángeles que preste servicios en su ubicación.

Viajar de forma temporal: las vacaciones implican dos costes principales: el viaje y el alojamiento. Para quienes pueden viajar con un presupuesto reducido sin tener que recurrir a los ahorros de jubilación, los billetes suelen ser el gasto más importante. Busque vuelos fuera de temporada. En invierno, diríjase a una playa del sur; en verano, escápese al norte. Las temporadas intermedias son ideales, ya que el destino de sus vacaciones seguirá siendo cálido, pero no tendrá que pagar los precios más altos. Aproveche los alojamientos de bajo coste y sea flexible en cuanto a la ubicación y el alojamiento. Los mayores ahorros suelen provenir de estar abierto a nuevas ideas. Establezca un presupuesto de viaje y tenga en cuenta los grandes costes fijos, como el alquiler, a la vez que ejerce prácticas de gestión económica inteligentes al presupuestar sus ingresos y gastos.

CHAPTER 3

Inmersión cultural y conexiones profundas

Como miembro de la especie humana, sus sentidos son sus principales herramientas para orientarse en el mundo. La vista, que es la más importante, le permite evaluar rápidamente los riesgos, identificar recursos para obtener alimentos, refugio y calor, y evaluar su entorno. El tacto le ayuda a crear y manipular su entorno, mientras que el oído le permite discernir la proximidad y las intenciones de los demás. Estos sentidos son cruciales para la seguridad y la supervivencia, ya que ayudan en la comunicación y la orientación.

Sin embargo, cuando se trata de la pasión por viajar, los sentidos sirven para algo más que necesidades prácticas. Algunas personas buscan algo más grande, menos tangible pero profundamente sentido: una conexión con algo nuevo y diferente. La pasión por viajar proporciona una ventaja práctica que va más allá de la mera supervivencia: la capacidad de comunicar información valiosa y fomentar vínculos sociales de confianza. La curiosidad individual genera conocimiento, conversación y creatividad, lo que conduce al desarrollo de nuevas herramientas y métodos. Compartir experiencias e información más allá de la comunidad inmediata puede beneficiar a todos. El simple hecho de querer compartir detalles aparentemente irrelevantes puede traer paz a través de la revelación de experiencias compartidas y puntos en común.

Interacciones locales y aprendizaje de idiomas

Las interacciones locales y el aprendizaje de idiomas son fundamentales para lograr conexiones más profundas y auténticas durante el viaje. Los estudios sobre turismo e investigación de viajes destacan la importancia de sumergirse en otra cultura a través de la interacción, el idioma, las experiencias de primera mano y las amistades. La falta de interacción local puede generar insatisfacción personal y oportunidades perdidas de crecimiento. El aprendizaje de idiomas, en particular entre las personas con poca formación, es una barrera clave para la interacción local y la educación internacional.

La frecuencia con la que se viaja o el tiempo que se pasa en un viaje no son buenos indicadores del valor que se obtiene de la experiencia. El verdadero valor reside en la profundidad y diversidad de la red social y económica que se construye a través de las interacciones locales. Para establecer conexiones significativas, uno debe conocer las palabras locales para hacer amigos locales y participar en conversaciones cara a cara que pueden cambiar el rumbo de la vida. El idioma y las interacciones personales son lo que diferencia a los viajes del mero turismo.

Turismo responsable

El turismo responsable implica que los viajeros participen en actividades que les proporcionen encuentros directos y auténticos con la población local, los entornos naturales y el patrimonio cultural. Este enfoque beneficia tanto al viajero como a la comunidad local. Las prácticas de turismo responsable incluyen:

- **Sustentabilidad:** Utilizar organizaciones de bajo impacto o con enfoque vertical, adherirse a normas de gestión de áreas silvestres que no dejen rastro y seleccionar cuidadosamente

rutas de senderos y campamentos base para minimizar el impacto ambiental.
- **Desarrollo de recursos locales:** apoyo a iniciativas como el Cuerpo de Paz, que capacita a voluntarios para aprovechar el patrimonio local y financiar el cuidado de los recursos históricos y culturales. Las organizaciones de viajes de aventura también apoyan programas de ecoturismo dirigidos por nativos, cooperativas de alimentos, deportes juveniles y educación ambiental.

Los viajeros deberían intentar formar parte de los lugares que visitan, aportando dinero y apoyo a las zonas locales y, al mismo tiempo, enriqueciendo sus propias vidas. Este enfoque permite a los viajeros pagar un valor de mercado justo por experiencias mejoradas y forjar conexiones significativas con la gente, las culturas, la tierra y la vida silvestre locales. El viaje responsable beneficia tanto al viajero como a la persona visitada, y a menudo conduce a una transformación personal y a una apreciación más profunda del mundo.

CHAPTER 4

Aventura y vida audaz

La aventura y la vida audaz: si no conllevan algún riesgo, no son aventuras. La aventura, los viajes y las alegrías de la pasión por los viajes ya no se consideran un pasatiempo para quienes no pueden conseguir un trabajo de verdad o una forma de pasar el tiempo antes de formar una familia. De hecho, la aventura puede, hace y debe ayudarnos a todos a vivir más profundamente, a expandir nuestras zonas de confort más plenamente y a interactuar con nuestro mundo de manera más completa. El estilo de vida de la pasión por los viajes es verdaderamente un estilo de vida audaz. Es una vida llena de abrazos apasionados, risas a carcajadas y la búsqueda sincera del mundo que amamos. Sin embargo, el estilo de vida más audaz y alegre conlleva desafíos. El camino abierto, que lleva a todas partes y a ninguna, en realidad nos lleva a los lugares menos visitados del mundo, lo que presenta innumerables desafíos.

Riesgo: "Horas de aburrimiento, momentos de terror" - El riesgo es un componente clave para disfrutar de los placeres que brinda la pasión por viajar. Si bien la aventura y la exploración son algunos de los muchos placeres de viajar sin precedentes, gran parte de lo que sigue se remonta a los principios básicos del viaje que analizamos anteriormente. La aventura como transformación: nuestras pasiones, actividades y elecciones tienen como objetivo ampliar nuestros límites, enseñarnos sobre el mundo y mostrarnos cuánto nos gusta reír, cuán profundamente llorar y cuán constantemente abrazar a aquellos a quienes de otra manera no podríamos llamar amigos. Vivir con pasión, una vida de aventuras, no es egoísta. Al encontrar nuestras propias aventuras, remodelamos nuestras personalidades y, a menudo, mejoramos el mundo que nos rodea.

Toma de riesgos y crecimiento personal

La asunción de riesgos es un aspecto crucial del crecimiento personal, que determina las preferencias y experiencias de cada uno. Viajar suele implicar ciertos grados de riesgo, ya que las personas se trasladan más allá de sus fronteras y adoptan diversos medios para hacerlo. El miedo o la incertidumbre ante circunstancias desconocidas y los posibles riesgos que conlleva están vinculados a los viajes de exploración, ya que ponen a prueba sus límites de comodidad. Por ejemplo, el riesgo para alguien que nunca ha viajado a las Montañas Rocosas es mucho mayor que para quienes practican ciclismo de montaña con regularidad por terrenos rocosos. El riesgo o desafío relacionado con los viajes puede ser situacional, pero, en promedio, quienes pasan sus vacaciones explorando las Montañas Rocosas enfrentan más riesgos que los viajeros que planifican todo, incluso los destinos turísticos seguros.

Aceptar el riesgo o la crisis en el marco de una elección es un principio fundamental en el marco psicoespiritual del crecimiento y el desarrollo personal. La maravilla y el asombro que surgen de los encuentros con experiencias cumbre generan respuestas y aprendizaje. Estas estrategias, incorporadas a la vida cotidiana a través de los encuentros con la naturaleza como expresión de una experiencia cumbre, ayudan al desarrollo personal. Es posible afrontar cambios o trastornos y emerger transformado con más éxito cuando se responde a la toma de riesgos que sin ellos.

En el turismo de aventura al aire libre y en las experiencias vividas por el segmento de la población adicto a la aventura, la toma de riesgos promueve la expansión espacial, temporal y cognitiva. Las elecciones centradas en conductas de toma de riesgos fomentan el arte en el participante y promueven la curiosidad intelectual y la complejidad en general. Muchos se involucran en viajes para el desarrollo personal holístico, y un componente significativo es la adquisición de nuevas perspectivas, prácticas y rutinas. El principal atractivo de los viajes es la experiencia de iluminación o crecimiento personal, estrechamente relacionada con el reconocimiento y el asombro.

Los viajeros asumen este tipo de compromisos cuando piensan en viajar y deciden emprender un viaje. Los consultores de gestión Pam Goldsmith y Garry Waldorf, a través de su libro *The Acme Whistle* , apoyan este concepto. El bufete de abogados británico Clifford Chance guía a miembros renovados de su personal en caminatas por el Rubicón de Londres y por la sala de máquinas de la Carta Magna. Estas caminatas intentan recrear las situaciones a las que se enfrentaron los emigrantes genuinos que tuvieron que alejarse de la infraestructura familiar para crear un nuevo comienzo. Dominar caminatas tan difíciles requiere que los participantes salgan de Londres a las cinco de la mañana, vadeen aguas que les lleguen hasta el pecho y escalen muros. Los planes que son ilusoriamente audaces e inteligentes forman el núcleo de la pasión por viajar. Abrazar la estética del viaje requiere planes audaces, visión y estrategia.

Superando las zonas de confort

Las zonas de confort representan la barrera entre lo que ya sabes y puedes hacer y lo que no puedes. Salir de estas zonas conlleva dificultades inherentes, pero la pregunta de si vale la pena hacerlo sigue siendo inquebrantable. No solo vale la pena, sino que también es la única vía hacia el crecimiento y la transformación personal. Todos los avances tecnológicos y médicos se originaron fuera de la zona de confort, y todos los trabajos que aborreciste te llevaron finalmente al puesto de tus sueños. Comprender estas verdades muestra cómo salirse de las zonas de confort realmente da sus frutos.

Romper con las rutinas y los caminos predeterminados fomenta el crecimiento. La creatividad, la empatía y la sensibilidad hacia las personas y las ideas aumentan como subproducto de adentrarse en la naturaleza. No basta con aventurarse; saltar a un pequeño palmo de agua extranjera deja en la oscuridad las señales de crecimiento. Sin embargo, saltar a océanos desconocidos revela en el horizonte una multitud de habilidades y conocimientos. El crecimiento requiere experiencias sorprendentemente difíciles y alarmantes. Estos resultados aparentemente negativos simbolizan confrontaciones transformadoras que rompen nuestras zonas de confort. Esta es la realidad de traspasar las zonas de confort: vivir audazmente. Los viajeros inteligentes descubren, a través de la maravilla de la pasión por los viajes, que las adversidades desarrollan la fuerza para abrazar una mejor versión de uno mismo.

CHAPTER 5

Prácticas de viajes sostenibles

Las estrategias respetuosas con el medio ambiente y que apoyan a las personas son fundamentales para viajar de manera responsable. En esta parte, aprenderá a viajar por el mundo de una manera que lo proteja y que apoye a las personas locales que conozca en el camino.

Por qué es importante

En la primera parte de este capítulo, profundizamos en el concepto de pasión por viajar. Los viajeros buscan experiencias de vida más profundas, íntimas y reales, sin importar el destino. Sin embargo, quienes escriben sobre el significado, el propósito y el camino de los viajes a menudo pasan por alto a los millones de personas que habitan la Tierra y al planeta en sí. En un mundo rebosante de diversidad cultural, muchos viajeros piensan poco en los encuentros con los habitantes de los pueblos y aldeas que visitan. Sus preocupaciones se centran en ver las pirámides, escalar el Everest o encontrar los leones de Chobe, sin considerar el impacto de sus viajes en las comunidades locales o el medio ambiente.

Misión de maravillas: los viajes conscientes excluyen cualquier tipo de viaje explotador. Afirmamos nuestro compromiso con la sostenibilidad y la conexión con los lugares, las culturas y las personas que conocemos. Esperamos que nuestra filosofía de viajes transforme la forma en que todos viajamos de maneras pequeñas pero significativas.

Opciones ecoconscientes

La pasión por los viajes insta a los viajeros a ampliar sus horizontes, a emprender proyectos que vayan más allá de sus zonas de confort y a abrirse a nuevas mentalidades y experiencias. En un mundo al que se puede acceder ampliamente gracias a tecnologías como los viajes aéreos, los cruceros marítimos y los trenes nocturnos, esto tiene un impacto sustancial en el medio ambiente. Según Husserl, "es al viajar que una persona pone la creatividad y la espontaneidad en primer lugar en su vida". Sin embargo, la gestión irresponsable del planeta y la priorización de los intereses comerciales sobre los recursos naturales han llevado a muchos activistas y científicos a criticar a las industrias de viajes por los efectos negativos del desplazamiento masivo.

Viajar tiene el potencial de educar a los viajeros, abrir sus visiones del mundo y generar empatía y solidaridad activa con las comunidades locales. Para minimizar su impacto, es importante tomar decisiones que respeten el medio ambiente.

Desde la perspectiva de Fable y Fahnestock, los turistas con conciencia ecológica o sostenibles tienden a evitar las zonas populares y superpobladas y las ideas de viajes improvisados y de corta duración para reducir su impacto ambiental. Los turistas sostenibles perciben el deterioro ambiental como una importante influencia negativa de la industria turística y aprecian las iniciativas de conservación que minimizan el impacto ambiental. Los viajeros activos que solicitan información detallada sobre salud y bienestar la utilizan para hacer planes de viaje conscientes del medio ambiente.

Los ecoturistas suelen buscar destinos menos concurridos y únicos para reducir su huella ecológica y adoptar una forma de viajar más sostenible. Los canales de medios nacionales, los libros de viajes y el material promocional ofrecen recomendaciones para descubrir experiencias personales únicas en todo el mundo.

Apoyo a las comunidades locales

La interacción ética con los lugareños transforma las experiencias de viaje. Cuando los viajeros invierten en experiencias de viaje que les enseñan nuevas habilidades u ofrecen recorridos guiados por lugareños, se conectan profundamente con las personas y los lugares que visitan. Este compromiso ético garantiza que no solo se beneficien los grupos poderosos, sino también los verdaderos administradores de la tierra y la cultura: aquellos que sustentan y comparten de manera responsable sus historias y experiencias.

Participar en eventos y excursiones locales garantiza que los dólares del turismo lleguen directamente a las familias locales en forma de propinas y ventas. Cuando las comunidades pequeñas perciben que los dólares del turismo llegan gracias a interacciones únicas y auténticas, es más probable que sigan compartiendo su cultura.

Ayudar a los demás crea una comunidad de conexión que puede conducir a la evolución de la pobreza. Interactuar con los lugareños significa que el dinero que inviertas en turismo los apoyará directamente. Los complejos turísticos y los campamentos de safari que promueven la participación comunitaria y la retribución son fundamentales, pero hay algo poderoso en la donación directa de un individuo a la comunidad. Si realmente te relacionas con la gente local, puedes obtener mucho más a cambio.

CHAPTER 6

Nomadismo digital y trabajo remoto

El nomadismo digital es una tendencia en rápido crecimiento y puede considerarse una extensión del movimiento de los viajeros independientes. Describe a las personas que disfrutan de viajar, explorar nuevos lugares y aprovechar la independencia de la ubicación para cambiar de entorno a menudo. Si eres un profesional con conocimientos de tecnología y movilidad (diseñador, programador, escritor, vendedor de Internet, bloguero o alguien que trabaja en un negocio que se puede realizar a través de Internet), eres un nómada digital. Muchos nómadas digitales comparten sus historias en blogs y algunos incluso ganan dinero enseñando a otros cómo convertirse en nómadas digitales. Los blogs y sitios web dedicados a este estilo de vida son más populares que nunca. Puedes trabajar de forma remota mientras exploras y viajas por el mundo, aunque implica un cambio de estilo de vida y un enfoque práctico para encontrar oportunidades de trabajo a distancia.

Herramientas y recursos

Ahora que ya tenemos claro qué es la pasión por viajar y los enfoques populares del trabajo remoto, es hora de ponernos manos a la obra y explorar herramientas y recursos específicos para hacer realidad la independencia de la ubicación. Esta sección cubre una variedad de tecnologías y servicios para ayudar a los aspirantes a nómadas digitales o trabajadores remotos a combinar productividad y aventura para hacer realidad sus sueños de viajar. También abordamos los dilemas éticos y sociales del nomadismo digital y los desafíos globales que plantea el "nuevo colonialismo" de los trabajadores digitales occidentales que viajan diariamente al trabajo en entornos de bajo costo. Se necesitan marcos legales y administrativos adecuados para respaldar este movimiento.

Herramientas y recursos esenciales:

1. **Un blog/sitio web:** comparte tus experiencias y conocimientos.
2. **Redes sociales:** utilice plataformas como Twitter, Facebook, LinkedIn y otras para conectarse con clientes potenciales.
3. **Plataformas de intercambio de trabajo:** Regístrate en sitios como Workaway y WWOOF para ofrecer tu tiempo a cambio de alojamiento y comida.
4. **Sitios de empleo:** explora bolsas de trabajo y sitios web que se dirigen específicamente a nómadas digitales, como RemotelyAwesomeJobs, Work At My Desk y RemoteOK. También vale la pena echar un vistazo a las secciones de empleo de Carbonmade y Behance.
5. **Networking:** hacer muchos amigos es esencial para hacer crecer tu red y ampliar tu base de clientes. Esto también mejorará tus oportunidades de viajar y posiblemente te permitirá ahorrar dinero al alojarte con amigos que hagas en el camino.

Capacidades y habilidades para el nomadismo digital:

- **Autodisciplina:** Mantener el enfoque y la productividad.

- **Gestión del tiempo:** equilibre el trabajo y los viajes de forma eficaz.
- **Motivación intrínseca:** Mantenerse motivado y motivado.
- **Adaptabilidad:** navegue el cambio y la incertidumbre con facilidad.

Herramientas prácticas:

- **Comunicaciones:** Herramientas como Slack, Zoom y Skype para una comunicación efectiva.
- **Sincronización:** Plataformas como Google Drive y Dropbox para compartir archivos y colaborar.
- **Correspondencia:** Herramientas de gestión de correo electrónico como Gmail y Outlook.
- **Administración de oficina:** Herramientas como Trello y Asana para la gestión de proyectos.
- **Información y transporte:** Aplicaciones como Rome2rio y Skyscanner para planificar viajes.
- **Reservas sociales:** Plataformas como Airbnb y Couchsurfing para alojamiento.
- **Servicios profesionales remotos:** sitios web como Upwork y Fiverr para encontrar trabajo independiente.

Equilibrio entre vida laboral y personal

Si bien el trabajo es importante y gratificante para la mayoría de los nómadas digitales, no es lo único en la vida. Lograr una integración armoniosa del trabajo con las vacaciones y el placer personales es crucial. El equilibrio entre el trabajo y la vida personal describe la relación entre el trabajo y otros compromisos de la vida y cómo se afectan entre sí.

Entendiendo el equilibrio entre vida laboral y personal:

- No se trata de programar el mismo número de horas para el trabajo y el ocio, sino de adaptar el trabajo a tu estilo de vida.
- Es el estado de equilibrio donde la carrera y la ambición se priorizan por igual con las actividades de ocio y la vida familiar.

Beneficios del equilibrio entre vida laboral y personal:

- Reduce el estrés y el agotamiento.
- Mejora el bienestar general y la felicidad.
- Mejora la productividad y la creatividad.

Estrategias para lograr el equilibrio entre vida laboral y personal:

- **Establecer límites:** Defina horarios de trabajo claros y cúmplalos.
- **Priorizar tareas:** centrarse en las tareas de alta prioridad y delegar o eliminar las de baja prioridad.
- **Tómese descansos:** los descansos regulares mejoran la concentración y la productividad.
- **Practique pasatiempos:** participe en actividades que le brinden alegría y relajación.
- **Manténgase conectado:** mantenga relaciones con familiares y amigos.

Algunas personas creen que para lograr algo extraordinario es necesario elegir entre una carrera y el descanso. Sin embargo, esto no contribuye a la autorrealización. Es esencial tener un camino equilibrado en la vida. Centrarse solo en el trabajo o solo en uno mismo puede llevar al estancamiento y al arrepentimiento en el futuro.

CHAPTER 7

Viajes en solitario y dinámica de grupo

Los viajes en solitario, aunque no son tan comunes como los viajes en grupo, han atraído mucha atención de los medios de comunicación en las últimas dos décadas. Cada vez más medios de comunicación destacan historias de personas que superan sus miedos a la incertidumbre y abrazan su curiosidad de viajar solas. Si bien no son tan populares como los viajes en grupo, los viajes en solitario son comunes, especialmente entre las mujeres que viajan. La motivación subyacente es ganar autonomía, tranquilidad y autodescubrimiento. Además, viajar en solitario puede aliviar la molestia de crear consensos y aumentar la sociabilidad. La gran variedad y los ejemplos de viajes en solitario sugieren que se trata de un concepto influyente que lleva a las personas a viajar de una manera alternativa.

Solo un número limitado de estudios han intentado explorar las experiencias de los viajeros en solitario. Por lo tanto, se realiza una revisión exhaustiva de la literatura dedicada a la exploración de los viajeros en solitario. Se presentan las tendencias actuales dentro del segmento de los viajes en solitario, las razones por las que las personas viajan solas y los beneficios y las barreras.

Dinámica de grupo en los viajes de ocio

En la investigación grupal, la dinámica de las relaciones y experiencias grupales ha crecido. La Organización Mundial del Turismo de las Naciones Unidas (OMT) estima que aproximadamente el 80% de los viajeros viajan con una o dos personas más. Los compañeros de viaje suelen ser amigos, seguidos de la familia. En general, la investigación grupal está fragmentada, pero cada vez se valora más la investigación grupal en el ocio y el turismo. Estos estudios evalúan la comunicación, la toma de decisiones, la influencia, las relaciones y la dinámica de los miembros en familias, parejas y grupos de pares. Algunos de estos estudios también abordan a los viajeros en términos de grupos culturales, equipos de trabajo de la industria de viajes, voluntarios o intercambios culturales patrocinados por el gobierno. Los viajes grupales introducen la dinámica grupal en los mercados, y se puede prestar más atención a este dominio de investigación.

Beneficios y desafíos

Beneficios

Aventura independiente: "Uno es el número más solitario", según la canción de Harry Nilsson, pero no cuando se trata de explorar lugares y culturas desconocidas y hacer nuevos amigos. Según la Asociación de Viajes de Estados Unidos, el 80 por ciento de los viajeros estadounidenses prefieren viajar con un compañero, pero esos intrépidos solitarios que se lanzan a la carretera a menudo disfrutan de una comodidad y una diversión sorprendentes. Al optar por viajar solo, un viajero tiene la libertad de organizar un viaje en torno a intereses específicos, ya sea explorar el mundo de la música folk en Nashville o descubrir cementerios y criptas victorianas en Londres. Los viajes en solitario están llenos de sorpresas felices y ofrecen excelentes oportunidades para la introspección, recuperar la confianza y hacer amigos.

Cómo sentirse cómodo: viajar deja de ser solo cuestión del destino cuando los amigos o la familia se suman al viaje. A todos nos gusta un grupo de personas curiosas que quieren emprender juntos el viaje, planificar una boda o un viaje de luna de miel, disfrutar del tiempo con sus seres queridos o embarcarse en un viaje basado en la fe que implique oración y buenas obras. A veces, cuando se está en un viaje de investigación, los editores u otras personas pueden viajar con usted, lo que le permitirá ver su trabajo de una manera interesante. Estas experiencias compartidas pueden dar lugar a amistades rápidas y recuerdos duraderos.

Desafíos

Viajar solo: viajar solo puede traer consigo desafíos, como sentimientos de soledad o preocupaciones por la seguridad. Sin embargo, superar estos desafíos puede generar crecimiento personal y una sensación de empoderamiento.

Viajes en grupo: viajar con otras personas requiere compromiso y búsqueda de consenso. La dinámica de grupo puede ser complicada, con diferentes opiniones y preferencias que deben gestionarse.

Construyendo conexiones en el camino

Viajar solo ofrece muchas oportunidades para conocer a otros viajeros y a la gente local. También brinda la oportunidad de conectarse interiormente, acompañado de cambios en los valores y el estilo de vida que requieren apertura a nuevas experiencias, flexibilidad y la voluntad de reexaminar las suposiciones sobre el destino, el éxito y la responsabilidad personal. Ya sea que viaje solo o con un acompañante, puede aumentar sus posibilidades de entablar conversaciones significativas con los lugareños y otros viajeros.

La atracción por la carretera es especialmente fuerte entre los veinteañeros y los treintañeros. Otras formas de enfatizar el contacto con otros viajeros incluyen unirse a viajes en grupo, alojarse en albergues o participar en eventos locales. Los viajeros pasivos tienen más probabilidades de experimentar encuentros casuales y ampliar su red de contactos. Los esfuerzos proactivos para hacer amistades pueden acelerar el proceso, lo que requiere un esfuerzo consciente para romper con la coraza de privacidad o reserva. Sentarse solo en una mesa de restaurante puede brindar más oportunidades de hacer amigos. Los jubilados o los vagabundos "de fondos fiduciarios" pueden ser más vacilantes, sintiendo que están entrometiéndose en la compañía de los demás.

CHAPTER 8

Viajando con Propósito

Cuando viajamos con un propósito, humanizamos nuestras experiencias. Ya sea que nos propongamos hacer voluntariado, trabajar o simplemente encontrar una mejor manera de conocer las comunidades de un nuevo lugar, la gratificación es generativa. Lo sabemos por nuestras propias experiencias de altruismo y servicio comunitario, por la investigación sobre la cohesión familiar en Rocky Mountain Fiddle Camp y por estudios de viajeros maduros que participan en viajes educativos o de aprendizaje permanente. En este artículo, revisamos los principios de programas exitosos propagados por Road Scholar y Emerging Horizons y reflexionamos sobre la búsqueda de la conexión humana tal como la proponen guías comerciales como Lonely Planet.

Estar en el camino intencionalmente amplía nuestra libertad porque se extiende más allá del comportamiento egoísta y abre la puerta a los tipos de conexiones que deseamos profundamente. Esto es cierto en nuestro propio territorio y aún más cuando cruzamos el umbral de la familiaridad conocida. Al elegir viajar por el mundo, nos adentramos en círculos cada vez más amplios de experiencia compartida con nuestra comunidad humana común. Los lugares que se están preparando para visitar son partes únicas, valiosas y necesarias de esta comunidad. Extendemos la mano para mostrar nuestra gratitud, aprecio, preocupación, amor y cuidado durante este proceso de descubrimiento. La tradición espiritual en la que nos arraigamos ofrece esto como un punto de partida para que otros adopten nuestra curiosidad ilimitada por ver el mundo. Esperamos inspirarlos a una apreciación más amplia, profundamente perspicaz y crítica no solo del mundo en el que viven, sino también de la hospitalidad que tantos otros están ansiosos por mostrarles durante sus viajes.

Voluntariado y retribución a la comunidad

Algunos prefieren buscar trabajo dondequiera que vayan. Los puestos de trabajo de los nómadas digitales son tan diversos como sus lugares de origen. Por ejemplo, una cantante de ópera que trabajaba como niñera en Ginebra no encontraba trabajo en la ópera y quería trabajar en sus idiomas. Descubrió la oficina de la Cruz Roja Internacional al otro lado de la calle de donde trabajaba y entró para trabajar como voluntaria. Tenían un ordenador viejo y nada que hacer, pero recordaba que algunas personas que conoció allí, atadas a sillas de ruedas, tenían heridas que las mantuvieron hospitalizadas durante años en sus países de origen. "Así que les digo que me envíen sillas de ruedas para que podamos tenerlas allí", dijo su supervisora de oficina a cargo de los envíos. "Así que ahora ese es mi trabajo de verano. Empaco y envío piezas de sillas de ruedas a países devastados por la guerra".

El voluntariado puede ser más que una estancia en una casa de familia. En un artículo sobre el tipo de experiencias de viaje que ofrece la revista Russian Life, Nancy Ries, profesora adjunta y directora de antropología en la Universidad Colgate, escribe sobre un estadounidense que viaja a Rusia para visitar campamentos de niños. "Sus vacaciones", explica Ries, "son todo menos un 'descanso' del trabajo. Su viaje se considera una forma de peregrinación laboral, ya que entra en este mundo a través de su servicio". Ries ha escrito una fascinante serie de artículos en los que habla de lo que ella llama "turismo de refugio", o viajes a regiones devastadas por la guerra, lugares de escasez, "como los describen los ortodoxos, el movimiento del incienso desde el altar hasta los fieles y luego de regreso".

Oportunidades educativas y de aprendizaje

Ya sea en un viaje en solitario o en una aventura familiar, cualquier viajero encuentra una gran cantidad de oportunidades de aprendizaje. Si las aprovecha deliberadamente, puede crecer enormemente en términos de normas y valores personales, comprensión intelectual, conocimientos culturales y habilidades y destrezas definidas. Las oportunidades de aprendizaje se pueden clasificar de la siguiente manera: (1) Modos de viaje, (2) Lugares para visitar, (3) Interacciones culturales, (4) Festividades y eventos importantes y (5) Otros.

Los viajeros pueden participar en un aprendizaje sin fin mientras pasan tiempo como voluntarios en diversas áreas de su comunidad anfitriona, como en escuelas, donde pueden impartir alfabetización o educación social a la población local en otro idioma, o mientras estudian Tai Chi, yoga, agricultura o cocina.

La experiencia educativa que brindan las distintas perspectivas de viaje puede ser de enorme importancia para el progreso personal y la interacción cultural. Las guías turísticas, las orientaciones o los consejos relacionados con los lugares que se deben visitar o los eventos a los que se debe asistir pueden contribuir sustancialmente a que la experiencia de los educadores turísticos sea satisfactoria y agradable. Al participar en dichas actividades y ver las cosas desde dentro, los viajeros pueden desarrollar habilidades laborales prácticas como profesores, directores de grupos y eventos, cocineros, planificadores de dietas y agricultores en cierta medida. Al integrar constantemente a los residentes locales y a otros turistas, los estudiantes pueden desarrollar su comprensión de la diversidad, el amor intercultural, la unidad y la cooperación. En resumen, uno puede crecer considerablemente en términos de capacidad, integridad y sabiduría durante un viaje espectacular, convirtiéndose en un ciudadano global o en una persona de valor.

CHAPTER 9

Salud y bienestar en la carretera

Durante un viaje, es fundamental que la salud y el bienestar sean una prioridad. En este capítulo, se analizan diversos aspectos relacionados con el mantenimiento de la salud y el bienestar durante un viaje. En este capítulo, los lectores aprenderán a abordar el ejercicio, los estiramientos y el yoga durante el viaje, y a priorizar el tiempo para las prácticas meditativas y espirituales. Entre los temas de debate se incluyen consideraciones alimentarias y dietéticas, terapias nuevas, naturales y alternativas, la naturaleza de las plagas, las infestaciones, los venenos y los medicamentos, cómo afrontar los climas tropicales y sobrevivir al calor y al sol, la seguridad y la prevención de robos, la autodefensa y las estrategias para el bienestar mental, emocional y de actitud.

El concepto de vida saludable debe abarcar patrones de estilo de vida que se puedan seguir independientemente del lugar donde se encuentren. Las personas activas de todo el mundo tienden a ser más saludables que sus contrapartes inactivas, siempre que no estén sobrealimentadas. Las mejores prácticas no solo hacen que el cuerpo se mueva y se mantenga en movimiento, sino que también inspiran unidad, refugio, buena forma física, equilibrio, silencio in-

EXPLORANDO EL CONCEPTO DE LA PASIÓN POR LOS VIAJES

terior, paz espiritual, coraje, mayor conciencia, perspectiva, alegría y gratitud. Los viajeros saludables pueden entrenar, estirarse, hacer ejercicio o simplemente caminar a dondequiera que vayan. Pueden practicar yoga o meditación, o metta bhavana (meditación de bondad amorosa). Pueden conectarse con personas de ideas afines en persona o en línea. Pueden optar por vehículos, carreteras, senderos, luz, aire, lugares de interés y alojamientos más saludables. Pueden evitar cargas de trabajo innecesarias, no involucrarse en comportamientos negativos y hablar y escuchar a personas que viven con el mismo coraje.

Bienestar físico y mental

Viajar presenta diversos riesgos y desafíos para la salud, como encuentros con animales salvajes, malaria, dengue, pérdida de equipaje, enfermedades inexplicables, parásitos, garrapatas, ataques de animales, conductores locales, carteristas, delitos violentos, inestabilidad política, contaminación del aire, derechos de los pasajeros, accidentes automovilísticos, conflictos, interrupciones en los trenes, burocracia gubernamental, salud de los refugiados, atención médica en diferentes países y solicitudes de visas. Las precauciones sensatas y los conocimientos adquiridos pueden reducir el miedo a lo desconocido y fomentar una mentalidad resiliente durante el viaje.

Estrategia de autocuidado:

- Escucha las necesidades de tu cuerpo y descansa cuando sea necesario.
- Cultivar la fortaleza mental y física.
- Considere un seguro de viaje o médico para cubrir dificultades de viaje inesperadas.
- Mantenga el sentido del humor y evite reaccionar exageradamente ante situaciones de riesgo.

Alimentación saludable y ejercicio

Viajar suele alterar los hábitos establecidos, como llevar una dieta equilibrada y hacer ejercicio con regularidad. Cuando se viaja, especialmente a lugares con instalaciones de cocina limitadas, es esencial adoptar un enfoque pragmático y adaptable en lo que respecta a la nutrición y la actividad física.

Consejos para una alimentación saludable:

- **Buena nutrición:** concéntrese en alimentos que satisfagan las necesidades de su cuerpo, con una mezcla saludable de macronutrientes, evitando alimentos nutricionalmente vacíos como bocadillos azucarados y alimentos fritos.
- **Fruta fresca:** Accesible y que se pueda transportar sin que se estropee.
- **Nueces:** fáciles de transportar, duraderas y buenas para diversas condiciones climáticas.
- **Leche/Soja/Jugo:** Fundamental para una nutrición rápida.
- **Barra de chocolate/dulce:** útil para una caída breve del nivel de azúcar en sangre.
- **Enfoque práctico:** Complete otros grupos de alimentos según lo permitan el tiempo y las circunstancias, sin estrés.

Consejos para hacer ejercicio:

- **Recorridos a pie:** París es un lugar ideal para realizar recorridos a pie y Tokio es ideal para hacer estiramientos.
- **Equipo de ejercicio portátil:** Las cuerdas para saltar, las bandas de resistencia y las barras de viaje son fáciles de transportar.
- **Tarjetas de muestra de ejercicios:** los entrenadores personales suelen proporcionar tarjetas de ejercicios con instrucciones para que los clientes las sigan mientras viajan.

Adoptar estas estrategias prácticas y adaptables le garantizará mantener su bienestar físico y mental mientras explora el mundo.

CHAPTER 10

Capturando recuerdos y contando historias

En muchos sentidos, el éxito de compartir una historia personal de viaje puede verse muy influenciado por la forma en que compartimos esos momentos especiales con los demás. Si bien algunos viajeros pueden considerarse fotógrafos y otros pueden detestar la idea de llevar una cámara costosa o un dispositivo para tomar fotografías durante su viaje, capturar recuerdos de viajes no siempre tiene que implicar una cámara.

Para algunos, llevar un diario puede parecer obsoleto en la era de los dispositivos digitales y las redes sociales. Sin embargo, hay algo profundo en los viajeros que encuentran consuelo en anotar cosas en papel. Para muchos, se trata de encontrar su voz. Al ir más allá de los pensamientos en viñetas y organizar sus actividades diarias, los viajeros pueden documentar sus estados emocionales internos. La fotografía también es una forma de llevar un diario. Es posible que algunas personas no quieran llevar un diario, y eso está bien. Cuando capturar tus pensamientos no es una prioridad y estás en el momento de un impresionante amanecer en la campiña italiana o contemplando la silueta del Delicate Arch de Utah, sacar una cámara, un teléfono o una Polaroid puede ayudarte a capturar el momento para reflexionar más tarde. Incluso si no te importa ahora, a alguien podría importarle. Por el bien de la Madre Naturaleza, capturar un momento especial en el tiempo puede crear un impacto duradero.

Fotografía y diario

Fotografía y diario: estas son dos de las herramientas más accesibles para capturar recuerdos de viajes. Durante más de un siglo, la fotografía ha sido una forma popular de conservación. Todo depende de cómo la utilices. Muchos de nosotros usamos la fotografía como un recuerdo, como una foto tuya frente a la Torre Eiffel con seres queridos para recordar un viaje a París. Si bien esto es bastante correcto e inocente, el tipo de fotografía que sugiero profundiza más en la experiencia y convierte unas vacaciones casuales en una pieza única de memorias.

Diario: es anterior a la fotografía y es una forma escrita del mismo principio. Basados en el diseño de experiencias, nuestros diarios (cuadernos de bitácora, álbumes de recortes, diarios de viaje) pueden evolucionar de simples listas de tareas pendientes a reflexiones, narraciones y una fuerte narración personal. Esto transforma los viajes de algo común a algo oficial.

Consejos de fotografía:

- **Documentar experiencias:** más allá de las fotografías estándar de lugares de visita obligada, tome fotografías que capturen experiencias y personas. Busque situaciones en las que sea necesario contar una historia: una tierna historia de amor que se desarrolla en un café de París, el viento en su cabello en la cima de una montaña rusa o un alma abrumada parada al pie de un enorme monumento.
- **La calidad antes que la cantidad:** las cámaras digitales y los teléfonos móviles modernos toman fotografías de excelente

calidad. A diferencia de los viejos tiempos, en los que se imprimían pocas copias por toma, ahora puedes hacer clic tantas veces como necesites hasta que quede bien. Siempre hay un botón de eliminación para liberar espacio no deseado.

- **Fotografías espontáneas:** tome fotografías espontáneas de personas comunes y corrientes en sus rutinas diarias. Convenza a desconocidos para que le hagan un retrato. Varias fotografías sincronizadas pueden mostrar variaciones en el movimiento. A diferencia de la fotografía tradicional, no tiene que esperar días para obtener copias.

Consejos para llevar un diario:

- **Reflexión y narración:** vaya más allá de las listas de tareas pendientes y utilice la reflexión y las formas narrativas de documentación. Transforme su diario de viaje en una obra maestra de narración personal.
- **Combina la fotografía y el diario:** adjunta fotografías a las entradas de tu diario. Escribe reflexiones sobre las fotografías capturadas para crear una rica memoria de viaje.

Compartiendo experiencias con otros

Compartir experiencias con otros permite a los viajeros tomar sus experiencias de pasión por los viajes y compartirlas de manera significativa. A medida que se profundizan los significados en capas, las historias personales interesantes y el intercambio social, expresar y comunicar la pasión por los viajes hace que las conexiones sean más reales. Esto podría ser útil para la formación de equipos o la instrucción fuera de línea, al alentar a los participantes a compartir una experiencia con un extraño o un conocido que pueda apreciar la suya.

EXPLORANDO EL CONCEPTO DE LA PASIÓN POR LOS VIAJES

La exploración de esta sección revela cómo las historias de viajes resuenan en los demás, inspirando a otros viajeros y comprometiendo a las personas en sus viajes a través de historias compartidas. Esta sección ayuda a reconocer las experiencias compartidas que surgen de las historias. Las personas pueden impulsar un compromiso original con formas futuras o alternativas de establecer contactos en función de la energía que surge de las historias compartidas. Recuerde compartir con los participantes por qué siente la necesidad de estas historias, para que el concepto permanezca con ellos en todo momento. Para fomentar un sentido de comunidad, se puede incluir el sentimiento de pertenecer a un todo mayor, que surge de nuestras chispas aventureras que nos impulsan a participar en sitios web de intercambio social. Juntos, nuestras historias e intereses tejen una narrativa de "unión" e inician el intercambio social.

Reflexiones sobre la pasión por los viajes y el cr

A medida que se acerca el final de nuestro semestre, nos hemos tomado un tiempo para reflexionar sobre el concepto de la pasión por viajar y cómo los viajes han contribuido a nuestro crecimiento individual. Las experiencias compartidas siguen dando forma a nuestras aspiraciones y perspectivas actuales sobre el mundo, haciendo eco de la maravilla de nuestro primer día en Europa. Muchos de nosotros, ávidos lectores que creíamos que estudiar en el extranjero cambiaría nuestras vidas, nunca esperamos convertirnos en las versiones de nosotros mismos que somos hoy, después de habernos convertido en viajeros del mundo. A lo largo del semestre, nuestra capacidad de introspección se profundizó a medida que lidiamos con los desafíos de formar relaciones y encontrarnos en entornos cambiantes. Antes de compartir nuestras reflexiones finales, hablaremos de nuestras aspiraciones para el futuro. Al conectarnos con otros en espacios extranjeros y reconectarnos con nosotros mismos a través de la soledad, hemos descubierto las cualidades que más valoramos. Varios de nosotros deseamos centrarnos en el crecimiento personal y maximizar nuestro potencial en el próximo año. Al hablar de nuestras partes favoritas del semestre, a menudo mencionamos monumentos y lugares de interés de pasada, pero reflexionamos mucho sobre las conexiones profundas y verdaderas que hicimos con nuevos amigos.

Estas reflexiones nos ayudan a ir más allá de los aspectos prácticos y a conectarnos con una vida más profunda y espiritual. Al llegar a su fin nuestros viajes al extranjero, esperamos llevar adelante actitudes llenas de esperanza y conocimiento: "Lleva adelante lo que has aprendido a través de tu experiencia única, con adaptaciones a tu estilo de vida personal y utilidades de pensamiento". Mientras estudiábamos en Londres, a varios de nosotros nos preguntaron qué planeábamos hacer al regresar a los Estados Unidos. Aunque cada respuesta variaba, todas incluían los ideales de "mejorar" y "mejorar". Ahora sabemos que nuestras experiencias han ampliado significativamente nuestras perspectivas y mundos. Puede que hayamos atravesado los paisajes físicos de Europa Occidental, pero aún más, hemos explorado el terreno de nuestras propias vidas, sueños y aspiraciones. Al dejar nuestras huellas en diferentes ciudades, regresamos a casa sintiéndonos plenos en nuestros corazones, maduros con experiencias compartidas y una red de amigos para siempre. Nuestros viajes nos llevaron a conocer a muchos otros jóvenes viajeros en los mismos caminos de autodescubrimiento y vida audaz, cada uno de nosotros vagando para descubrir su "camino" más deseado.

Lecciones aprendidas y aspiraciones futuras

La pasión por los viajes, como condición humana ambigua, es esencial para los jóvenes que han dedicado mucho tiempo y energía a viajar. Es una dimensión importante del potencial agente para forjar una nueva identidad. Los proveedores, como los voluntarios o las escuelas de idiomas, han descubierto formas de sacar provecho ofreciendo espacios para que se manifiesten mecanismos de incentivos personales y sin límites. Sin embargo, las organizaciones anfitrionas profesionales o consumistas no suelen ser las autoras de lo que realmente ocurre en el extranjero cuando los viajeros independientes y los amantes de los viajes están de viaje. Cada individuo es único en identificar las circunstancias, las experiencias y las personas con las que se conecta. A partir de mis datos, está claro que las experiencias de viajes independientes en varios países, donde la moneda, el idioma y las normas de comportamiento cambian, se encuentran entre los relatos más sorprendentes y conmovedores.

Muchos encuentros son casuales y ocurren con frecuencia, pero el viaje en sí es único. Dado que los jóvenes de entre 18 y 34 años son los principales participantes en viajes y experiencias internacionales, y que los grupos de mayor edad son los que probablemente inician el viaje con suficiente experiencia, la pasión por viajar amplía y profundiza nuestras conexiones y opciones. Nos ayuda a abrir los ojos, ampliando las opciones incluso cuando son indeseables o desagradables. Las excursiones turísticas a menudo conducen a volver a casa con rutas alternativas, lo que proporciona nuevas perspectivas sobre el propio camino de vida.

Integración de las experiencias de viaje en la vida cotidiana

Así como soñar nos ayuda a reflexionar sobre experiencias recientes y resolver problemas, el anhelo de aventura puede impulsarnos a planificar el próximo viaje y reflexionar sobre cómo infundir en la vida los valores que experimentamos en el camino. Si bien sólo un pequeño número de personas de países ricos emprenden proyectos de voluntariado importantes, millones de personas se ofrecen como voluntarios en formas más pequeñas mientras viajan: pintando casas y escuelas, construyendo aceras, reconstruyendo después de desastres. El objetivo de estos proyectos no es lo que se construye, sino la interacción con extraños y la sensación de trabajar por algo más grande que el placer personal, como ayudar a una comunidad en dificultades a recuperarse de un desastre.

Algunas personas se ofrecen como voluntarias para ayudar a los animales, ayudar en escuelas y clínicas o trabajar en proyectos ambientales. Los viajeros se ofrecen como voluntarios para aprender de los australianos pobres de las zonas rurales o para participar en eventos como festivales de música. Hacer lo que podría parecer una combinación de experiencias extremas, tareas incómodas y la emoción del viaje integra aspectos vivenciales en la vida en general. Muchos pueden evitar esos viajes, suponiendo que los beneficios se quedan en el extranjero en lugar de seguir afectando a su vida cotidiana al regresar a casa.

www.ingramcontent.com/pod-product-compliance
Lightning Source LLC
LaVergne TN
LVHW092100060526
838201LV00047B/1495